CÓMO HACERLE FRENTE
A TU CRISIS PERSONAL

CÓMO HACERLE FRENTE A TU CRISIS PERSONAL

Una fórmula para la recuperación

Dr. Teo Babún Jr.

Prólogo del Dr. Marco Antonio Ramos

CÓMO HACERLE FRENTE A TU CRISIS PERSONAL
Una fórmula para la recuperación
© 2004, Dr. Teo Babún Jr.

ISBN 0-9765016-0-0

A menos que se indique de otro modo, las citas bíblicas
se han tomado de la Santa Biblia, Nueva Versión Internacional.
Copyright © 1999 por la Sociedad Bíblica Internacional. Reservados
todos los derechos.

Muchas de las inspiraciones del autor surgieron durante su tiempo
devocional al usar *My Utmost For His Highest, The Golden Book of Oswald Chambers*, Discovery House Publishers, Copyright © 1963.
Reservados todos los derechos.

Traducción por Rev. Fernando Lamigueiro-Ramírez

Dedicatoria

A mi esposa Mary (Maija),

quien me alentó y me ayudó
durante mi crisis personal.

ÍNDICE

PRÓLOGO / 9

INTRODUCCIÓN / 13

NECESIDAD DE UNA ORACIÓN DE CRISIS DIARIA / 19

Paso 1
CONSIDERA LA PREGUNTA:
"¿POR QUÉ ME HA SUCEDIDO ESTO A MÍ?"
- Porque no eres de este mundo / 23
- Porque Dios quiere que te conozcas a ti mismo / 26

Paso 2
LA PROMESA DE DIOS
DE SUSTENTARTE Y RESTAURARTE
- Permite que Él haga lo que te parece imposible / 29
- Dios les ordenará a sus ángeles que te ayuden / 32
- El promete suplir todas tus necesidades / 35

Paso 3
CONSIDERA LA PREGUNTA:
"¿QUÉ DEBO HACER AHORA"
- Ora constantemente / 39
- Adora a Dios con palabras y con música / 42

- Dedícate a hacer lo que agrada a Dios / 44
- Admítele a Dios que eres pecador / 47
- Vive únicamente para Jesús / 50
- Domínate, compórtate sabiamente y consulta con Él antes de actuar / 53

Paso 4
ORIENTACIONES Y ADVERTENCIAS: UNA HOJA DE RUTA PARA AYUDARTE A TOMAR DECISIONES IMPORTANTES

- Evita ser tentado a resolver el problema como un pagano / 56
- Discierne la dirección específica de Dios para ti / 60
- No tengas dos caras ni doble ánimo / 63
- Obsesiónate con Dios / 66
- Protege el estado de tu mente / 69
- Escucha su consejo / 72

Paso 5
CÓMO PUEDE UNO ESTAR SEGURO DE QUE ESCUCHA LAS ORIENTACIONES DE DIOS
- Permite que tu espíritu se conecte con la vida de Jesús / 75
- Pide que Dios te revele su «corazón y mente» / 79
- Medita en su Palabra y escucha su suave voz / 82

PRÓLOGO

El presente libro es una verdadera sorpresa. Conocíamos a un Teo Babún empresario que logró combinar su pericia en los negocios y su capacidad para las relaciones públicas con un ministerio eficaz como cristiano comprometido, pero no nos habíamos siquiera imaginado a un Teo Babún como maestro de la literatura devocional. Esto lo afirmamos en base a que *Cómo hacerle frente a tu crisis personal* nos ofrece el resultado de una relación con Dios en medio de dificultades personales a la vez que proporciona recursos eminentemente prácticos para enfrentar los momentos difíciles de la existencia.

Después de treinta y cinco años de ministerio pastoral hemos llegado a la conclusión de que lo más difícil de ese trabajo es compartir los problemas de los demás pues incluso cuando enfrentamos crisis en las congregaciones estas tienen relación con personas no tan problemáticas como víctimas de sus propios problemas como seres humanos. Mientras intentamos perseverar en esfuerzos no siempre bien reconocidos como los del trabajo pastoral necesitamos no sólo de compasión sino de sabiduría. No en balde Salomón pidió sabiduría antes de convertirse no sólo en rey sino realmente en líder espiritual de su pueblo. Y Pablo insistía en que Timoteo se ocupara en "la lectura, la exhortación y la enseñanza", lo cual podemos comprender cuando pidió que este le trajera "los libros y sobre todo los pergaminos". Al acudir a los materiales que nos ofrece Babún en esta breve e inspiradora obra estamos haciendo uso de un recurso comparable.

Es fácil decir que servimos a Dios "sin quejas ni contiendas", pero en algún momento sentimos como si todo hubiera terminado o como si nuestras fuerzas no son suficientes. A través de los años los grandes siervos de Dios, como Juan Bunyan en su magnum opus *El Progreso del Peregrino*, nos recuerdan esos altibajos del peregrinaje terrenal. Se trata de una adaptación literaria de materiales bíblicos acerca del recorrido que nos impone la vida como parte del plan de Dios. Pero las crisis llegan y cuando se presentan es necesario enfrentarlas con valor. El propósito de Dr. Teo Babún es ayudarnos a echar mano de los recursos espirituales que nos permitan vencer.

Es precisamente la busca de la victoria espiritual la que se nos recuerda en las mejores obras devocionales, como también en estudios exegéticos que no pierden de vista la necesidad de levantarnos sobre las circunstancias, tema constante de innumerables pasajes bíblicos. La gran contribución de Babún es saber ponerlo todo en contexto. Nuestro ambiente es en muchos aspectos diferente al de Abraham, Isaac y Jacob, pero compartimos con los grandes personajes de las Escrituras Hebreas de lo que llamamos Antiguo Testamento, y de las Escrituras Griegas del Nuevo Testamento, una condición humana a la cual no es ajena aquel que "hizo al hombre".

El gran valor que encontramos en este libro es trasladar al lector no sólo la experiencia personal del autor sino también la mejor teología acerca de la crisis, ya no en el lenguaje eminentemente erudito de teólogos contemporáneos sino en forma que nos permite relacionar lo escrito con asuntos que identificamos existencialmente sin necesidad de innecesarias complicaciones filosóficas.

El autor abre un gran espacio a la oración. Se trata no sólo de la mejor tradición cristiana sino del mensaje constante de las Escrituras y de la más noble experiencia de los creyentes que conocen bien que "Dios es nuestro amparo y fortaleza, nuestro pronto auxilio en las tribulaciones".

Jesús el Cristo instó a sus discípulos a "orar sin cesar". Tal vez en ese detalle radique tanto lo más importante como lo que más preocupa. Hay muchos hijos e hijas de Dios que sólo oran de vez en cuando, si acaso alguna vez al día. Pero Babún insta a orar, a clamar a Dios de forma personal, respetando nuestra capacidad de expresarnos libremente ante el trono de la Gracia.

Regresamos al primer párrafo, a la mención de la sorpresa. Si nos sorprendió el libro debemos aclarar que lo hizo en forma muy agradable. Babún nos ha inspirado, nos ha fortalecido, nos ha extendido la mano, nos ha acercado a su propio caudal de recursos espirituales. Es una excelente contribución a la literatura cristiana más práctica, más necesaria, más cercana al corazón de Dios y a la verdadera condición humana.

—MARCOS ANTONIO RAMOS[*]

---

[*]El doctor Marcos Antonio Ramos, pastor bautista por más de 35 años, ha sido misionero y educador teológico además de historiador y bibliógrafo. Es además autor de ocho libros y un académico correspondiente hispanoamericano de la Real Academia Española.

INTRODUCCION

El 23 de mayo del 2003, a las cuatro de la tarde, fui llamado a la oficina de mi jefe. Él procedió a acusarme de algo que yo no había hecho y, sin más discusión, me dio la opción de renunciar o ser despedido en el acto. Me sentí herido, golpeado y quedé mudo. Estaba desempleado.

¡Me hallaba en medio de una crisis!

Cuando comencé a sufrir por causa de mi crisis personal, empecé a buscar alguna literatura que me ayudara a confrontar mi dolor. Buscaba yo un proceso que me ayudara paso a paso a entender por qué me había sucedido esta farsa e injusticia, y qué necesitaba hacer para atenuar mi dolor. A fin de encontrar orientación y sabiduría, busqué libros en la biblioteca que trataran sobre crisis personal, y hablé con mis amigos más allegados, mi familia y mi pastor. Mas no encontré alivio.

Algunos de ellos incluso me dieron la clase de consejos que en realidad yo no quería escuchar, como la famosa frase gastada: "Bueno, tú sabes que nada malo sucede que no traiga algo mejor..." o algo por el estilo.
Comencé a buscar respuestas en la Biblia, y me sentí inspirado por Dios a encontrar pasajes bíblicos específicos que me proporcionaran alivio, guía, orientación y advertencias. Me di cuenta de que Dios colocaba ante mí una hoja de ruta o "una guía basada en Dios" que me ayudaría a hacerle frente a mi desconcertante pena.

Al meditar en las Santas Escrituras de Dios, llegué a sentirme invadido por el pensamiento de que la gente entra y sale de crisis constantemente; o tal vez sepa de alguien a quien le suceda. En ese mismo instante decidí documentar mi experiencia a fin de que pudiera yo compartir mis hallazgos con otras personas. Mi intención al publicar esta guía no es hacer que mi experiencia sirva de norma a otros; debemos permitir que Dios sea tan creativo y original con ustedes como lo fue conmigo. Es mi esperanza y oración que *Cómo hacerle frente a tu crisis personal: una fórmula para recuperarte* te sea de alguna utilidad al buscar la dirección de Dios y las instrucciones para hacerle frente a tu dolor.

> "PADRE,
> MEDIANTE LA CALMA Y EL CONTROL QUE INFUNDES EN MÍ,
> YO DEMUESTRO MI CONFIANZA EN QUE TÚ SATISFARÁS MIS NECESIDADES.
> TE CONFIESO QUE SÉ QUE EN MI VIDA
> NO HAY TALES COSAS COMO LAS CASUALIDADES.
> TÚ ORDENAS TODAS MIS CIRCUNSTANCIAS."
> AMEN.

Nunca nadie puede estar completamente preparado para el desastre o la tragedia. Pero cuando surgen tiempos difíciles, es bueno saber que Dios ha anticipado ya nuestras necesidades, y que Él ha proporcionado, en las Sagradas Escrituras, una hoja de ruta a la cual podemos acudir para recibir ayuda.

Cuándo situaciones estresantes tales como las dificultades económicas, la incertidumbre del empleo, la familia o la crisis personal vengan a nuestra vida, las palabras de Dios proporcionarán la fórmula sanadora que nos ayudará a reedificar nuestra vida y avivar la esperanza.

Esta guía ha sido diseñada para ayudarte a ti y a tu familia a atravesar tiempos difíciles juntos. Contiene sugerencias sabias, citas de la Escritura y oraciones iniciales sugeridas para ayudarte a entrar en contacto con Dios; después de lo cual podrás expresar tu corazón a Él en tus propias palabras. Cada capítulo puede ayudarte a disminuir el estrés y hacer planes para el futuro.

Cuándo los tiempos se tornan difíciles es importante reconocer que muchas cosas con las cuales no estamos familiarizados comienzan a suceder en nuestra mente y en nuestro cuerpo. Aquí aparecen algunos artículos tomados de *FEI Behavioral Health Employee Assistance and Crisis Management Programs, "The Critical Incident Response"* (Programas para Empleados de la FEI de Ayudas de Salud del Comportamiento y del Manejo de Crisis: "Reacción a Incidentes Críticos"):

Cuando los tiempos se tornen difíciles:

- Mantén un horario tan normal como te sea posible, pero no te esfuerces demasiado en hacerlo; suprime las "actividades" innecesarias y no tomes proyectos nuevos.
- Aparta tiempo para actividades que te hagan feliz.
- Reconoce que podrás estar operando debajo de tu nivel normal durante algún tiempo.

- Estructura tu tiempo aun más detenidamente que lo acostumbrado... es normal que se te olviden las cosas cuando estás estresado.
- Mantén listas y vuelve a verificar cualquier tarea importante.
- Mantén el control donde puedas hacerlo. Toma decisiones pequeñas aun cuando sientas que el asunto sea poco relevante o no te interese (es importante mantener el control en algunas esferas de tu vida).
- Pasa tiempo con otras personas, aunque al principio quizá te sea difícil hacerlo. Es fácil aislarse cuando uno está herido, pero durante ese tiempo necesitas la compañía de otros.
- Establece sistemas de apoyo con: la familia, los amigos, los lugares de culto, la escuela, compañeros de trabajo, etc.
- Sé consciente de que los niños a menudo son incapaces de expresar sus pensamientos o sentimientos verbalmente; con frecuencia los expresarán comportándose mal.
- Permite que tus hijos sepan que estás ahí para escucharlos si quieren hablar. Se franco con ellos acerca de tus propios pensamientos y sentimientos.
- Evita los medicamentos sin prescripción facultativa o las sustancias que crean hábito, tales como los estupefacientes, el alcohol, la cafeína y la nicotina. Las sustancias controladas pueden reducir la percepción del estrés, pero no alivian la ansiedad.
- Si te sientes como si estuvieras solo y que nadie puede ayudarte, no permitas que aumenten tus sentimientos de pánico, cólera y soledad; busca orientación profesional.

- Reconoce y confronta tu estrés; un grupo de apoyo o de psicoterapia puede ayudarte.
- Dale tiempo al tiempo. Date cuenta de que tal vez te sientas mejor por un tiempo, pero que quizá tengas luego una "recaída" (eso es normal; permite suficiente tiempo para ajustarte a las nuevas realidades que debes encarar).

NECESIDAD DE UNA ORACIÓN DE CRISIS DIARIA

Mientras estemos en medio de una crisis es muy importante comenzar cada mañana con una oración que abarque tanto aspectos de nuestra herida como de nuestras peticiones a Dios. Normalmente, el cuerpo se sentirá desfallecido, nos dolerán los ojos, y nos sentiremos algo adormecidos; por tanto, es beneficioso tener una "Oración de arranque" que nos ayude a ver claramente a Jesús y haga que fluyan nuestra energía y savia espirituales.

La oración que sigue es sólo una sugerencia. Quizá se pueda usar como un punto de partida que conduzca a una oración personal más profunda al Señor:

> *Dios, busco tu sabiduría. Ayúdame a no permitir que mis problemas asfixien tu Palabra en mí. Ayúdame a*

confiar en ti aunque no te pueda ver. Ayúdame a no ser desleal a ti al decidir cargar con la tensión de los pensamientos y preocupaciones relacionados con mi problema. Prepáreme para los momentos cuando necesitas disciplinarme; por favor haz que mi actitud se apreste a que mi mente y espíritu acepten, a toda costa, tu obra de santificarme. Ayúdame a pasar la prueba espiritual cuando tropiece con cosas como estas: la injusticia, el egoísmo, la discriminación, los embustes, la ingratitud y la confusión. Sobre todo, ayúdame a recordar que Tú requieres que en mi corazón no haya, ni siquiera suprimida, la más leve huella de resentimiento cuando me enfrente con la tiranía y la injusticia.

Señor, ayúdame a hacer lo correcto, y no actuar descuidadamente de modo que hiera a mi familia o a mí mismo, o te afrente. Fortaléceme para que ningún problema afecte mi relación contigo en Jesucristo. Ayúdeme a ver claramente lo que Tú me enseñas por medio de cada problema que enfrento.

Padre, dame fuerzas para tener plena confianza en ti. Protégeme de la autocompasión, del egocentrismo y de la autoinculpación. Sostenme durante mis tribulaciones. Ayúdame a estar alerta al pecado, y a no cederle ninguna oportunidad. Ayúdame a apropiarme constantemente de tu gracia.

Dame madurez para orar por los que me hacen sufrir. Sé que mediante tu providencia, Tú me colocas en todas mis circunstancias y todas ellas son de naturaleza espiritual. Señor, soy consciente de que en mi vida no hay tales cosas como "casualidades".

Mi Rey, muéstrame tu voluntad, y enséñame a saber cómo orar y adorarte en medio de mis circunstancias apremiantes. Ahora mismo me pongo al pie de tu cruz y me entrego totalmente a ti. Señor, haz que tu gracia abunde en mí. Ayúdame a superar este problema para que pueda comenzar mi sanidad. Padre amoroso, sácame de mi agotamiento y de mi condición de sentirme medio muerto. Penétrame con tu espíritu de vida. Sostén mi mano, llévame a la cama y cántame hasta que me quede dormido.

Amén.

Paso 1

CONSIDERAR LA PREGUNTA: "¿POR QUÉ ME HA SUCEDIDO ESTO A MÍ?"

Porque no eres de este mundo

Recuerda que no eres de este mundo, y es por eso que el mundo te odia. El odio es la antítesis del amor e implica hostilidad. Si el mundo persiguió a Jesús, entonces también te perseguirá a ti, porque perteneces a Cristo. Te tratarán así por causa de su nombre, porque no conocen a Dios.

> *Si el mundo los aborrece, tengan presente
> que antes que a ustedes, me aborreció a mí.*
> —Juan 15:18

Según *El Nuevo Comentario de la Biblia Revisado de Eerdmans*, la palabra "mundo" aquí necesita que se la entienda como "el sentido moral del orden del mundo, bajo el control de fuerzas espirituales adversas". Philip Yancey dice que "mucho del sufrimiento en nuestro planeta ha venido por causa de dos principios que Dios estableció en la creación: un mundo físico que funciona según leyes naturales coherentes y la libertad humana". Hallé gran alivio al aprender con estos dos teólogos las verdades de Dios.

Quizá, como a mí, poner en perspectiva las características del "mundo" te ayude a entender la verdad de que vivimos en este mundo, pero no somos de él. Somos como extranjeros en un mundo en que las leyes de la naturaleza (creada por Dios) generan crisis; en que el libre albedrío de la humanidad (provisto por Dios) genera crisis, y en que el diablo y sus huestes (permitidos por Dios) andan alrededor atacando a cada cristiano que puedan encontrar para crear crisis en su vida.

ORACIÓN DE ARRANQUE
Amado Señor, prepara mi corazón y mi mente, y dame poder para encarar el rechazo, la persecución y el odio que recibo de este mundo, porque no soy de este mundo... pues te pertenezco a ti. Abba, fortaléceme y dame sabiduría para saber cómo andar y actuar en medio de los ataques y la injusticia. Haz que me sienta orgulloso de mi relación contigo. Deseo que los demás vean a Cristo en mí. ¡Señor, te elijo a ti y no a las cosas de este mundo!

▶▶ **Añade ahora tu propia oración personal**

DÓNDE PODRÁS ENCONTRAR AYUDA ADICIONAL:
LUCAS 13:10-16; SALMO 71:14-24.

Porque Dios quiere que te conozcas a ti mismo

Haz un esfuerzo por conocerte. Dios conoce exactamente tu carácter y tus posibilidades. Él sabe lo que tú eres capaz de hacer y conoce tu potencial: Él conoce tu corazón. Jesús llevó al apóstol Pedro de una crisis a otra hasta que éste fue capaz de conocerse a sí mismo.

> *—¿No los he escogido yo a ustedes doce? —repuso Jesús. —No obstante, uno de ustedes es un diablo."*
> *—Juan 6:70*

Oí una vez decir a un sacerdote católico de Nueva Orleáns: "En esta vida, el dolor es inevitable, pero la desesperación es optativa." ¡El sacerdote estaba totalmente en lo cierto! A fin de cuentas, vivimos en un mundo imperfecto con gente imperfecta y sistemas imperfectos. No hay tal cosa como un mundo de panacea. La única cuestión es cuándo y dónde habremos de experimentar la herida, la desilusión, las injusticias y todo lo demás que asociamos con el "el dolor de la vida". Es una de las maneras de Dios de ayudarnos a encontrarnos y a entendernos a nosotros mismos.

La realidad es que somos humanos. No podemos encontrarnos ni entendernos a nosotros mismos mediante el éxito, porque el orgullo hace que perdamos la cabeza. Y no podemos entendernos ni aceptarnos por medio de la monotonía de nuestra vida diaria por cuanto cedemos a la lamentación. Surge entonces la pregunta: ¿cómo vamos a actuar cuando experimentemos el dolor? ¿Qué clase de conducta manifestaremos cuando estemos en medio de nuestra crisis personal? Y ¿permitiremos que se muestre en nuestra vida la obra de Dios?

¡La desesperación es sólo una opción para los que no tienen esperanza, pero nosotros tenemos perfecta esperanza en Jesucristo!

ORACIÓN DE ARRANQUE
Dios, ayúdame a percibir tu propósito en las dificultades y los problemas que vienen a mi vida. Padre, a pesar de todos esos fuegos de aflicción, protégeme para que pueda yo permanecer la persona que Tú me creaste. Jesús, acepto lo que Tú permites: las penas, dificultades, sufrimientos y tribulaciones en mi vida, para ayudar a encontrarme y entenderme mejor a mí mismo. Dios, en medio de todas mis dificultades protege mi actitud, y guárdame de destruirme a mí mismo.

Amoroso Dios, dame sabiduría y madurez. ¡Jesús, ayúdame a aprender lo que Tú quieres que yo sea, revélame mi verdadero yo, y ayúdame a vivir como Tú!

▶▶| **Añade ahora tu propia oración personal**

DÓNDE PODRÁS ENCONTRAR AYUDA ADICIONAL:
PROVERBIOS 3:5-6; JUAN 12:27-29; JUAN 16:33.

Paso 2

LA PROMESA DE DIOS DE SUSTENTARTE Y RESTAURARTE

Permite que Él haga lo que te parece imposible

Pídele que ponga su mano sobre ti, para que te pueda dar completa paz, apoyo, consuelo y fortaleza. Reconoce que si te encuentras desesperado y en un estado de impotencia, no hay nada humanamente posible que se pueda hacer. No tengas miedo, sólo permite que Él haga lo que te parece imposible; obsérvalo proveer y revelarse a sí mismo en su portentosa majestad.

> *Al verlo, caí a sus pies como muerto; pero él, poniendo su mano derecha sobre mí, me dijo:*

> "No tengas miedo. Yo soy el Primero y el Último,
> y el que vive. Estuve muerto, pero ahora vivo por los siglos de
> los siglos, y tengo las llaves de la muerte y del infierno."
> —APOCALIPSIS 1:17,18

Según la película *Lagaan*, una aldea en el corazón de la India llegó a ser famosa cuando un grupo de campesinos creyó que su dios podría hacer un milagro y ayudarlos a hacer lo que parecía imposible al derrotar a un equipo de oficiales ingleses en un juego de Cricket. Perder el juego habría tenido como resultado que los cultivadores aldeanos pagarían a las autoridades inglesas dos veces su impuesto normal. Ellos creyeron que su dios los ayudaría. Entonces hicieron algo extraordinario y les ganaron a los ingleses.

Como cristianos, creemos que nuestro Dios puede y actuará directamente para darnos sustento y alivio. Él promete vestirnos con justicia y darnos la hoja de ruta que necesitamos para seguirlo con paz y fortaleza. Usará todas las herramientas que Él tiene a su disposición por medio de: su naturaleza, su Palabra, otras personas, nuestro corazón y también de muchas otras maneras. Sólo necesitamos "permitirle" que lo haga.

"Lanzar el anzuelo", en la pesca con mosca, significa

Cómo hacerle frente a tu crisis personal

echar vez tras vez la carnada sobre el agua. El apóstol Pedro, en 1 Pedro 5:7, escribió: "Depositen en él toda ansiedad, porque él cuida de ustedes." Pedro estaba seguro de que el amor y la preocupación de Dios por nosotros eran tan completos que podemos continuar dirigiéndole todas nuestras emociones y ansiedades mentales... y Él se encargará de ellas. La cuestión entonces consiste en nuestra relación con Dios establecida por medio de la fe, pero esta fe no es un sentimiento impreciso ni general. Es la creencia, la aceptación y la confianza dirigidas a Dios en Jesucristo.

ORACIÓN DE ARRANQUE
Abba, Tú eres mi esperanza; no permitas que me desespere. Ayúdame, Señor, a caminar por fe y confiando en ti. Protégeme, amoroso Dios, del demonio de la desesperanza, pues ella es un hoyo infernal. Fortaléceme colocando tu diestra sobre mí y dame completa paz y consuelo. Jehová, Tú tienes las llaves de la muerte y del Hades, y puedes hacer lo que parece humanamente imposible. Dios vivo, ayúdame a no temer ni desesperarme mientras espero a que te reveles por medio de tus milagros. ¡Oh Dios, escucha mi oración!

▶▶| **Añade ahora tu propia oración personal**

DÓNDE PODRÁS ENCONTRAR AYUDA ADICIONAL:
SALMO 31:3; JUAN 1:1-3; JOSUÉ 1:9; SALMO 23:2.

Dios les ordenará a sus ángeles que te ayuden

Ten por cierto y seguro que Dios te levantará a fin de que no tropieces ni caigas. Él te restaurará y siempre estará contigo. Dios ordenará a sus ángeles que protejan tus caminos, porque Él es el Dios de amor y paz.

Ningún mal habrá de sobrevenirte, ninguna calamidad llegará a tu hogar. Porque él ordenará que sus ángeles te cuiden en todos tus caminos. Con sus propias manos te levantarán para que no tropieces con piedra alguna.
—SALMO 91:10-12

En su libro *Ángeles*, el evangelista Billy Graham dice que un ángel es un "ser celestial a quien Dios encarga una misión determinada". Treinta y cuatro libros de la Biblia hacen referencia a los ángeles. En Hebreos 1:14 se llama a los ángeles "espíritus dedicados al servicio divino". Ellos han sido debidamente comisionados y enviados con la responsabilidad de ayudar a los creyentes. Los ángeles protegen del daño físico a los humanos que buscan refugio en el Señor (Salmo 91:11-13). Ellos liberaron a los apóstoles de la cárcel (Hechos 5:19) y a Pedro de la prisión (Hechos 12:7-11).

No sé si a ti te sucede igual, pero yo encuentro gran consuelo en saber con certeza que Dios ha creado a ese ejército de visitantes extraterrestres para protegernos en todos nuestros caminos. "Protegernos" significa tomar precauciones para evitar cualesquiera consecuencias no deseadas y velar o ampararnos del peligro.

Podemos decidir creer la Santa Biblia de Dios y sus promesas, o podemos elegir no creer o hasta no prestar atención a la verdad. En cuanto a mí, he elegido regocijarme en la promesa de Dios de que mandará a sus ángeles para protegerme del peligro. Alabaré a nuestro Señor por ese regalo, y me aprovecharé de ese privilegio en mis oraciones recordándole a Dios que hoy más que nunca necesito a sus ángeles protectores.

Oración de arranque
Amado Dios, protege mi corazón para que no se quebrante con las dificultades que enfrento. Protege mi mente para que no se preocupe por mis problemas, y protege mi espíritu de las tentaciones que encaro. ¡Oh Padre, envía a tus ángeles para que guarden mis caminos y me tomen en sus manos para que yo no tropiece con piedra alguna ni caiga en las trampas! Señor, dame una confianza firme y cierta para saber que Tú me restaurarás. ¡Oh Dios, Tú eres mi castillo y mi canción!

▶▶| **Añade ahora tu propia oración personal**

Dónde podrás encontrar ayuda adicional:
Mateo 4:6; Mateo 13:41; Lucas 4:10; Hebreos 1:14

Él promete suplir todas tus necesidades

Sé confiado y valiente, porque el hombre no puede hacerte nada que el Señor no haya permitido. Mira a tu alrededor y sé consciente de las garantías que Dios te ofrece. Él promete estar contigo siempre y suplir todas tus necesidades.

Así que podemos decir con toda confianza: "El Señor es quien me ayuda; no temeré. ¿Qué puede hacerme el ser humano?"
—Hebreos 13:6

Conocí a Pepe Bretones en Hartford, Connecticut. Pepe era un refugiado cubano que trabajaba por un salario mínimo como encargado de mantenimiento de una ferretería. En 1962 había escapado del régimen comunista de Fidel Castro con su esposa y un hijo de ocho años de edad y una hija de trece. En Cuba, Pepe había sido un rico y muy conocido comerciante de telas y lino fino.

Cuando yo hablaba con Pepe acerca de su "desgracia", él siempre decía que estaba agradecido de que el Señor había salvado a su familia del socialismo, y humillado por el gozo que había traído al Señor. Me tomó un tiempo entender lo que este buen hombre quería decir. Cuando Dios nos da o suple algo, le da gran alegría también a Él, porque le agrada darnos para suplir nuestras necesidades.

Estimo que eso es lo que Jesús tuvo presente en Mateo 6:25 cuando dijo: "Por eso les digo: No se preocupen por su vida, qué comerán o beberán; ni por su cuerpo, cómo se vestirán. ¿No tiene la vida más valor que la comida, y el cuerpo más que la ropa?", y entonces añadió: "Así que no se preocupen diciendo: '¿Qué comeremos?' o '¿Qué beberemos?' o '¿Con qué nos vestiremos?' Porque los paganos andan tras todas estas cosas, y el Padre celestial sabe que ustedes las necesitan. Más bien, busquen primeramente el reino de Dios y su justicia, y todas estas cosas les serán añadidas."

ORACIÓN DE ARRANQUE
¡Mi Abba, bendito sea tu nombre, oh Señor! Y sea exaltado por encima de los cielos; que tu gloria llene toda la tierra. Mi Dios, no tendré miedo de nada que pueda hacerme el hombre, porque Tú eres mi Señor y mi auxilio. Tú prometes suplir todas mis necesidades; Tú, en tu tiempo, harás todo lo que dices. Padre, dame valor y hazme más fuerte en mi fe al percatarme de tus garantías y de tus milagros. No temeré porque Tú dijiste que nunca me dejarás. Tú eres mi fortaleza y mi canción. Dios, aun cuando pienso en mis momentos y situaciones de más abati-

Cómo hacerle frente a tu crisis personal /37

miento y desesperación, ahora me doy cuenta de que nunca me dejaste. Tú siempre estuviste conmigo tal como habías prometido. Señor, únicamente miraré a ti para obtener justicia; buscar justicia en este mundo sólo me llevaría a quejarme y a rendirme a la autocompasión.

¡Tú eres mi amparo! El hombre no me ha hecho nada que no hayas permitido. ¡Confiaré en ti!

▶▶ **Añade ahora tu propia oración personal.**

DÓNDE PODRÁS ENCONTRAR AYUDA ADICIONAL:
SALMO 109:26-31; SALMO 38:21,22; JEREMÍAS 1:8

Paso 3

CONSIDERAR LA PREGUNTA: "¿QUÉ DEBO HACER AHORA?"

Ora constantemente

Ora sin cesar. Hazlo tan habitualmente como respirar, y ten la completa seguridad de que esa oración será contestada siempre. ¡Dios contestará vez tras vez tus oraciones de la mejor manera!

Oren sin cesar.
—1 TESALONICENSES 5:17

Como creyentes, la cosa que se nos ha llamado a hacer en esta vida es orar por las personas con las cuales entramos en contacto, tales como nuestros amigos y nuestra familia. El teólogo Oswald Chambers dijo: "Si no recibes las 'cien veces tanto' que Jesús prometió, y no obtienes discernimiento en la Palabra de Dios; entonces comienza a orar por tus amigos: entra en el ministerio de la vida interior."

¿Cómo puede una persona inconversa entender que si queremos obtener respuesta a nuestras oraciones, entonces todo lo que tenemos que hacer es orar por otros? Puede parecer alocado o insensato, pero si creemos en lo que Dios nos dice en su Biblia, entonces es totalmente cierto. El autor del libro de Job dice en 42:10: "Después de haber orado Job por sus amigos, el Señor lo hizo prosperar de nuevo y le dio dos veces más de lo que antes tenía." ¡Reflexiona en esto!

Oración de arranque
Mi Abba y mi Rey, ayúdame a pensar en la oración como algo tan necesario y común como el aire en mis pulmones y la sangre en mi corazón. Ayúdame a orar en toda ocasión, continuamente y sin cesar. Señor, ayúdame a alcanzar aunque sea una pequeña comprensión de la importancia de orar por otros. Proporcióname la necesaria madurez para poner aparte mis necesidades y

demandas personales a fin de que pueda derramar mi vida en la obra de la intercesión. Padre, ayúdame a tener también la certeza total de que me escuchas, de que me entiendes y de que me responderás vez tras vez. Y, Señor, ¡ayúdame a percibir con gran discernimiento cómo Tú contestarás mi oración!

▶▶| Añade ahora tu propia oración personal

Dónde podrás encontrar ayuda adicional:
Mateo 19:29; Job 42:10.

Adora a Dios con palabras y con música

Adora a Dios con todo tu corazón y toda tu alma. Adóralo con música. Adóralo en privado y en público. Adóralo en la luz y en la oscuridad.
¡Adóralo porque Él es un Dios grande!

> *Vengan, cantemos con júbilo al Señor; aclamemos a la roca*
> *de nuestra salvación. Porque el Señor es el gran Dios,*
> *el gran Rey sobre todos los dioses.*
> —SALMO 95:1,3

El Reverendo Fernando Lamigueiro, fundador jubilado de varios ministerios y obras misioneras a través del Caribe, una vez me dijo que considerara el significado de la adoración:

- Es la obediencia a un mandato divino.
- Es un medio de alimentar el espíritu.
- Ayuda a lograr el crecimiento espiritual.
- Alienta a los demás en su desarrollo espiritual.
- Le muestra al mundo dónde están mis prioridades.
- Es una manera de expresar mi amor a Dios.
- Es una avenida que Dios ha facilitado mediante la cual puedo alabar su nombre.
- Es el ofrecimiento de sacrificios espirituales.
- Es una manera de mostrar mi acción de gracias a Dios por todo lo que Él ha hecho por mí.

> Es un período de comunión con Dios aislado totalmente del mundo.
> Es una experiencia que debe contentar el corazón de cada cristiano.

Cuando me hallaba en medio de mi crisis personal, nada me daba más paz que escuchar la música de adoración y nada me proporcionaba más alivio que adorar a Dios junto a otros creyentes. En todo caso, la adoración que es aceptada por Dios es un privilegio que es exclusivo del cristiano. No es un derecho, así que debemos beneficiarnos de esa dádiva especial. ¡Nuestro Dios es un Dios portentoso! ¡Es digno de ser adorado y alabado! ¡Qué afortunados somos!

Oración de arranque
¡Te alabo Padre, Señor del universo! Siempre haces lo que dices, defiendes al agraviado, alimentas al hambriento y me levantas cuando caigo. Mi Señor, eres grande, tienes fuerza ilimitada; echas al malvado en el hoyo. ¡Aleluya! ¡Alabad a Jehová desde los cielos, alabémoslo desde las cumbres de los montes! ¡Que cada criatura viviente que respira alabe a Jehová! ¡Mi libertador! ¡Aleluya!

▶▶| **Añade ahora tu propia oración personal**

Dónde podrás encontrar ayuda adicional:
1 Pedro 2:5; Salmo 96:6; Salmo 146:1; Efesios 5:19.

Dedícate a hacer lo que agrada a Dios

Determínate a hacer lo que agrada a Dios. Comprométete con Él que obedecerás sus mandamientos y sus enseñanzas. Declara abiertamente que serás fiel al Señor, y que tienes plena confianza en sus planes y su sabiduría.

Queridos hermanos, si el corazón no nos condena, tenemos confianza delante de Dios.
—1 Juan 3:21

Jesús dijo a sus seguidores: "Si ustedes me aman, guarden mis mandamientos."

Es inútil hablar acerca de amar a Jesús si no lo obedecemos. La prueba de nuestro amor por Jesús radica directamente en nuestra obediencia a Él. La manera de consagrarnos a hacer lo que complace a Dios consiste en hacer lo que Él nos pide que hagamos. Si somos capaces de guardar los mandamientos de Dios, le probaremos al mundo, al Padre celestial y a Jesús que lo amamos. Es así de sencillo. Sólo necesitamos buscar maneras prácticas de realizarlo en nuestra vida.

¿Has visto la calcomanía que se pone en los parachoques

de los autos que dice: "Toca la bocina si amas a Jesús"? No he visto ninguno de ésos durante mucho tiempo. Vi uno que decía: "Diezma si amas a Jesús. Cualquier idiota puede tocar la bocina." Vaya, es cierto, cualquiera puede hacer sonar el claxon; pero si amamos a Jesús, necesitamos probarlo. Necesitamos mostrarle que lo amamos. Cumple sus mandamientos; esa es la manera en que Él sabrá que hacemos lo que le agrada.

Estoy convencido de que si hacemos lo que agrada a Dios desarrollaremos fe en Él. Fe significa una confianza en el carácter justo de Dios que fomenta verdad y esperanza, aun cuando la evidencia produzca duda y desesperación.

Job fue un hombre que temía a Dios. En el contexto del Antiguo Testamento eso define a un hombre que tenía una confianza reverencial en Dios apareada a un odio al mal. "El principio de la sabiduría es el temor del Señor" (Salmo 111:10; Proverbios 9:10). Con esa clase de confianza en Dios, nuestra sensibilidad y odio al pecado crecerán día a día.

Oración de arranque
Señor, ayúdame a tener la disciplina de hacer sólo lo que te agrada, según sigo con plena confianza tus mandamientos y ense-

ñanzas. Jehová, infunde en mí un deseo de obedecer tus instrucciones y preceptos. Padre, yo quiero confiar en ti para todo. No en mis capacidades, ni en mi conocimiento, ni en nada más. Señor, yo me comprometo a hacer hoy lo que te agrada, obedecerte, creer en ti y tener una vida disciplinada. ¡Maravilloso Dios, te seré leal, te obedeceré, te serviré y te seré fiel hoy!

▶▶| Añade ahora tu propia oración personal

DÓNDE PODRÁS ENCONTRAR AYUDA ADICIONAL:
PROVERBIOS 4:23; JUAN 15:14; COLOSENSES 1:12-14.

Admítele a Dios que eres pecador

Confiésale a Dios que como humano tienes la inclinación a pecar. Acepta la realidad de que el pecado está en este mundo. El pecado hace que la base de tu pensamiento sea imprevisible, irrefrenable e irracional. Es la explicación del dolor y la pena de la vida, y la explicación del porqué vino Jesucristo a la tierra. Reconoce ante Él tus pecados y pídele perdón, pues esto será la señal de que tu espíritu se ejercita y tu rostro se ha vuelto hacia Dios.

> *Hemos pecado y hecho lo malo;*
> *hemos sido malvados y rebeldes;*
> *nos hemos apartado de tus mandamientos y de tus leyes.*
> —Daniel 9:5

Cuando leí Daniel 9:5 por primera vez quedé aturdido, porque la Biblia niega muy enfáticamente que todos los sufrimientos sean el resultado de pecados específicos. Cuanto más meditaba en la Palabra de Dios, tanto más me daba cuenta de que el mensaje no era que yo debía atribuir mi crisis a ningún pecado específico, ni que debía ver mi dolor como ninguna clase de castigo por un error humano. Por el contrario, Dios me enseñaba que quería que fuera totalmente dependiente de Él, que orara en el espíritu y no en la carne. Para que pudiera hacerlo, necesitaba admitir y reconocer ante Él que yo era pecador.

Todos pecamos y quebrantamos nuestra comunión con Dios; por tanto, necesitamos experimentar el perdón de Dios tanto para nuestras acciones como para nuestras actitudes.

Aunque nuestra relación con Dios es permanente y somos perdonados totalmente, todavía necesitamos hacer frente a nuestros pecados diariamente para experimentar la comunión continua con Él.

Debemos tener cuidado de no caer en la trampa de condenarnos a nosotros mismos. Jesús pasó sus días en la tierra sanando enfermedades y no ocasionándolas. Cristo murió por nuestros pecados. La lección entonces es muy sencilla: para acercarnos a Él en espíritu y en verdad debemos reconocer ante Él nuestra naturaleza pecadora.

Oración de arranque:
Padre, ayúdame a estar alerta a la realidad del pecado y a las maneras sutiles en que puedo ser atacado y tentado por el maligno. Te confieso que, en mi debilidad, a menudo caigo en las trampas de Satanás. Señor, alértame a las señales de peligro, y recuérda-

me los desastres que el pecado puede traer a mi vida. Fortaléceme, Dios, para que yo no entre ni en la más mínima componenda. Dame fuerzas para alejarme de las situaciones que me puedan tentar a caer. Precioso Jesús, perdóname las ocasiones en que te he ofendido. Mi deseo es obedecerte en todo. Protégeme con la sangre redentora de Jesucristo de los ataques del diablo y sus demonios. Amoroso Padre, escucha mi oración. Le pido al Espíritu Santo que interceda en mi favor. ¡Te alabo, Señor, por tu misericordia, por entender mi aislamiento y por amarme incondicionalmente!

▶▶| Añade ahora tu propia oración personal

DÓNDE PODRÁS ENCONTRAR AYUDA ADICIONAL:
ISAÍAS 53:3; LUCAS 22:53; 1 PEDRO 3:18.

Vive únicamente para Jesús

Sé un discípulo verdadero de Jesús. Conságrate a Él apasionadamente. Vivir para Jesús es la cosa más sensacional que puedes hacer. Es el comienzo de una vida de aventura con un Dios que es totalmente amoroso y poderoso. Pide que el Espíritu Santo te ayude a amarlo y glorificarlo. Y vive sólo para una cosa: ¡Jesús! ¡Siempre Jesús! ¡Sólo Jesús! ¡Jesús en todo!

> *Simón, Simón, mira que Satanás ha pedido zarandearlos a ustedes como si fueran trigo.*
> —Lucas 22:31

El primer paso para llegar a nuestra meta de ser llenos de la plenitud de Dios es permitir que Cristo more en nuestro corazón. La palabra "morar" significa habitar, tomar residencia. Invitamos a Jesucristo a venir en nuestra vida, a nuestro corazón, y que esté allí las veinticuatro horas del día, los siete días de la semana. ¿Pero cómo puede vivir Cristo en nosotros?

Colosenses 1:27 se refiere a "Cristo en ustedes, la esperanza de gloria." Esto es posible porque Colosenses 3:3 dice: "Pues ustedes han muerto y su vida está escondida con

Cristo en Dios." Así que estamos escondidos en Dios, y Dios el Espíritu Santo está en nosotros. Eso significa para mí que Jesucristo nos esconde en Dios el Padre y habita en nosotros mediante Dios el Espíritu Santo.

Obtenemos confirmación de esto en Juan 14:16-18: "Y yo le pediré al Padre, y él les dará otro Consolador para que los acompañe siempre: el Espíritu de verdad, a quien el mundo no puede aceptar porque no lo ve ni lo conoce. Pero ustedes sí lo conocen, porque vive con ustedes y estará en ustedes. No los voy a dejar huérfanos; volveré a ustedes."

Cuando confiamos en Jesús para que sea nuestro Salvador, podemos tener confianza en nuestra relación con Él porque hemos sido completamente perdonados y aceptados por Dios. Sólo la muerte de Cristo en la cruz es suficiente para lograr esta relación apropiada con Dios. Cuando empleamos tiempo en la Palabra de Dios podemos lograr nuestro objetivo de ser llenos de la plenitud de Dios. Cristo morará en nuestro corazón, comenzaremos a comprender la verdad y empezaremos a conocer el amor de Cristo. ¡Entonces podremos comenzar a vivir únicamente para Jesús!

ORACIÓN DE ARRANQUE
Mi Jesús, quiero tener una relación personal contigo y una devoción apasionada por ti. Deseo que todo lo que haga sea motivado por mi amor por ti. Ven a mi vida, Señor Jesús, y vive en mi corazón. Jesús, ayúdame a vivir sólo para ti: a imitarte en todo lo que haga y diga, a anticipar lo que Tú harías en cualquier situación, y a siempre tratar de hacer que te sientas orgulloso de mí. ¡Oh Espíritu Santo de Dios, haz que en mi alma arda el amor y la devoción a Jesucristo. ¡Que todo lo que haga y diga glorifique a mi Salvador!

▶▶| **Añade ahora tu propia oración personal**

DÓNDE PODRÁS ENCONTRAR AYUDA ADICIONAL:
EFESIOS 3:17-19; NEHEMÍAS 8:10; JUAN 14:9.

Dómínate, compórtate sabiamente y consulta con Él antes de actuar

Prepara tu mente para la acción. Permite que Jesús examine tu corazón en medio de tus crisis y dificultades. Permanece fuerte, enfocado y paciente, mientras el Señor prepara el camino y te adiestra. Ten dominio propio y pon toda tu esperanza en la gracia de Jesucristo. Busca la sabiduría de Él. En ocasiones, la única manera de saber si Jesús te ha dado un corazón puro será haciéndote atravesar crisis y sufrimientos difíciles.

Querían descubrir a qué tiempo y a cuáles circunstancias se refería el Espíritu de Cristo, que estaba en ellos, cuando testificó de antemano acerca de los sufrimientos de Cristo y de la gloria que vendría después de éstos. Por eso, dispónganse para actuar con inteligencia; tengan dominio propio; pongan su esperanza completamente en la gracia que se les dará cuando se revele Jesucristo.
—1 Pedro 1:11,13

Estamos heridos y angustiados. El dolor prolongado es brutal. En medio de nuestro dolor comenzamos a perder nuestra autoestima. No caer en una depresión requiere mucha persistencia, y la persistencia requiere energía. La aflicción puede hacer aflorar sentimientos de zozobra, cólera, desengaño, amargura y lamento. Esos sentimientos son normales, pero el truco consiste en saber cómo seguir adelante.

Descubrí durante mi crisis que era importante confeccionar un programa provisional para mi día, a fin de reemplazar el viejo modelo del trabajo. Descubrí que el cerebro funciona mejor cuando hay organización. Hice un horario y lo cumplí todos los días. Me levantaba a una hora regular, me vestía, hacía ejercicios, dormía adecuadamente y mantenía un diario.

El diario era particularmente importante como una manera de hacerle frente al trastorno emocional de mi cambio de vida. Me daba la oportunidad de desahogarme, sin juzgar lo que decía o sentía, y me permitía procesar mi experiencia. Finalmente, me daba una larga lista de emociones que poner al pie de la cruz de Cristo. Jamás carecí de peticiones de oración específicas, y nunca actué sin pedirle a Jesús que me guiara. Sugiero que se escriba temprano por la mañana para captar fragmentos de sueños, esperanzas y temores.

Humanamente hablando, recuperarse de tales sentimientos toma tiempo... tiempo para sobreponernos al trauma y a la desorientación, y tiempo para procesar nuestras nuevas circunstancias. Pero debemos recordar esto: "No somos de este mundo." ¡Así que, a partir de este momento tienes que levantarte del sofá, actuar con inteligencia y empezar a permitir que Jesús haga su obra en ti!

ORACIÓN DE ARRANQUE
Mi Abba y mi Rey, explora mi corazón y examina mi mente, y ve si hay algún lugar oscuro que necesite ser eliminado, y hazme libre. Fortaléceme para que yo te permita formarme y moldearme según Tú te dispones a hacer tu visión real en mí y prepárame para la acción. Señor, crea en mí un corazón puro y un espíritu nuevo para que pueda estar totalmente consagrado y serte obediente. Padre, en medio de mis dificultades, concédeme actuar sabiamente, tener dominio propio y hacer que te sientas orgulloso de mi conducta. Dios mío, busco tu consejo en todas mis acciones.

▶▶| **Añade ahora tu propia oración personal**

DÓNDE PODRÁS ENCONTRAR AYUDA ADICIONAL:
MATEO 5:41; MATEO 7:11; GÉNESIS 41:40.

Paso 4

ORIENTACIONES Y ADVERTENCIAS: UNA HOJA DE RUTA PARA AYUDARTE A TOMAR DECISIONES IMPORTANTES

Evita ser tentado a resolver el problema como lo hace un pagano

Evita ser tentado en medio de una crisis a resolver el problema como los paganos. Sé lo suficientemente osado en compenetrarte con el carácter de Dios a fin de traerle honra a Él. Sé consciente de que Dios puede pedirte que hagas algo que sea totalmente contrario a tu sentido común. Si te lo pide, no eludas realizarlo. ¡Quizá el Señor desee que lo arriesgues todo por Él!

> *"Otro afirmó: Te seguiré, Señor;*
> *pero primero déjame despedirme de mi familia."*
> —Lucas 9:61

Cuando llega una crisis, sentimos que no tenemos control sobre el acontecimiento en sí, pero todavía tenemos algún control sobre nuestras reacciones. Podemos refunfuñar con hostilidad y rabia contra la injusticia de la vida que nos ha privado de paz, o podemos buscar lo bueno en fuentes inesperadas. Por ejemplo, al estudiar la Biblia, quedé convencido de que yo necesitaba estar de rodillas orando por mis enemigos aparentes, y dándole gracias a Dios por todas sus bendiciones. ¡En fin de cuentas, somos los hijos de Dios!

Observa lo que está escrito en Filipenses 2:14-16: "Háganlo todo sin quejas ni contiendas, para que sean intachables y puros, hijos de Dios sin culpa en medio de una generación torcida y depravada. En ella ustedes brillan como estrellas en el firmamento, manteniendo en alto la palabra de vida. Así en el día de Cristo me sentiré satisfecho de no haber corrido ni trabajado en vano."

ORACIÓN DE ARRANQUE
Mi Abba y mi Rey, fui adiestrado desde la hora de mi nacimien-

Cómo hacerle frente a tu crisis personal / 59

to a ser independiente, a resolver mis propios problemas y a usar mi sentido común. En una crisis, se me enseñó a procurar la justicia en mis propios términos. Padre, guíame en mis esfuerzos por solucionar una injusticia que me haya sido hecha. Protégeme para que yo no actúe usando las tácticas de los paganos. Señor, enséñame cómo compenetrarme con tu carácter, obedecerte ciegamente y arriesgarlo todo por ti.

Jehová, pongo toda mi confianza en ti, y confiaré en los ejemplos, en los modelos y en las promesas que Tú me das en tu Palabra. Dios, ayúdame a tener oídos espirituales para escucharte claramente cuando me hables.

▶▶ **Añade ahora tu propia oración personal**

DÓNDE PODRÁS ENCONTRAR AYUDA ADICIONAL:
JOB 2:4-7; MATEO 6:25.

Discierne la dirección específica de Dios para ti

En medio de tu crisis, permanece alerta a la dirección de Dios para ti; determínate a hacer su voluntad, y entonces esfuérzate en obedecerlo. No ofendas a Dios buscando una segunda opinión de otras personas; el corazón de ellos no es el corazón de Dios. Dios tiene absolutamente la razón, así que pon toda tu confianza en Él. El objetivo de Dios es que su Hijo se manifieste en tu carne mortal.

En cambio Jesús no les creía porque los conocía a todos; no necesitaba que nadie le informara nada acerca de los demás, pues él conocía el interior del ser humano.
—JUAN 2:24, 25

A veces me siento realmente frustrado con mis amigos cristianos y mi familia, pues parecen tener una respuesta "enlatada" para cada uno de mis sentimientos. Tienen una visión inadecuada de nuestra crisis, pero ofrecen gran cantidad de respuestas. Las dos respuestas más comunes parecen ser: "Seguro que has hecho algo malo" o "Seguro que no has estado orando con la suficiente constancia". Otros comentarios apresurados han sido: "Se trata de una represión de Dios", "Es debido a tu terca rebelión", y

"Hay pecado en tu vida". Aunque sus comentarios estén generalmente bien intencionados, son solamente opiniones humanas.

Se le atribuye a Sheldon Vanauken haber dicho que "el mejor argumento a favor del cristianismo son los cristianos: su alegría, su estabilidad, su integridad. Pero el argumento más fuerte contra el cristianismo también son los cristianos: cuando son lúgubres y carecen de alegría, cuando son farisaicos y tienen una consagración complaciente, cuando son estrechos y represivos, entonces el cristianismo muere mil muertes." Esta declaración sostiene que el "hombre", cristiano o no, es simplemente un "hombre", y debe pensar y sentirse "hombre". Por otro lado, Jesús mostró que Él tuvo el corazón de Dios cuando, después de sanar a un ciego, dijo: "Esto sucedió para que la obra de Dios pudiera se demostrada en su vida."

Yo no sé en cuanto a ti respecta, pero esta es suficiente advertencia para que yo me decida a recibir mi orientación de Jesús y no de ningún hombre.

Oración de arranque
Mi Abba y mi Rey, gracias por amarme tanto que preparaste todo para cuidarme. Ayúdame a ser transformado espiritualmen-

te mediante el discernimiento de lo que está en tu corazón y la recepción de tu orientación. Enséñame a confiar totalmente en ti, porque Tú jamás te equivocas. Protégeme de mi inclinación a confiar en la sabiduría de los humanos, sólo para luego verme muy desilusionado y confundido porque sus objetivos y metas no son los mismos que los tuyos. ¡Te bendigo, Señor, porque tu deseo para mí es que yo pueda manifestar a Jesús en mi carne mortal!

▶▶| **Añade ahora tu propia oración personal**

DÓNDE PODRÁS ENCONTRAR AYUDA ADICIONAL:
JUAN 17:21; JUAN 13:17; MATEO 18:5; HEBREOS 109.

No tengas dos caras ni doble ánimo

Cuídate de no ser un hipócrita ni un traidor a Jesús. No seas un "hombre de doble ánimo" como lo fue Judas. No te pongas perezoso espiritualmente. Debes estar listo y preparado para encarar tu crisis con consistencia e integridad.

El que cree en él no es condenado, pero el que no cree ya está condenado por no haber creído en el nombre del Hijo unigénito de Dios. Ésta es la causa de la condenación: que la luz vino al mundo, pero la humanidad prefirió las tinieblas a la luz, porque sus hechos eran perversos.
—JUAN 3:18,19

¿Quién quiere ser un hipócrita y un traidor a Jesús? Lo seremos si somos personas que un momento damos gracias a Dios por su protección, provisión y planes maravillosos en tanto que al momento siguiente titubeamos, fluctuamos y tenemos incertidumbre acerca de todo. O si un instante glorificamos a Dios y cantamos alabanzas a Él, en tanto que al momento siguiente sacudimos los puños en el aire y nos quejamos de todo. David dijo acerca de esta clase de individuos en el Salmo 119:113: "Aborrezco a los hipócritas, pero amo tu ley", y dice Santiago 1:8: "Es indeciso e inconstante en todo lo que hace." Indudablemente, ser una persona de doble ánimo no es una cosa buena. Una persona íntegra no está dividida. Eso significa duplicidad o mera simulación, y es hipocresía.

Cuando uno hace una lista de personas en la Biblia que fueron modelo de integridad, José (el gobernador de Egipto) tiene que estar al principio de esa lista. Él vivió una vida de integridad y honradez delante del Señor. En los momentos más difíciles, él confiaba en que Dios determinaría los resultados; y en los mejores tiempos reconocía que cada privilegio nos viene de la mano de Señor. La integridad de José estaba vinculada a la soberanía de Dios. José creía que Dios era soberano, y que Él era fiel. Así que José hacía lo que era correcto y le dejaba el resultado a Dios. La vida de José nos ofrece un modelo para vivir en integridad todos los días.

Tenemos que demostrar nuestra honradez constantemente, porque esa es la manera en que Dios quiere que vivamos, no sólo para pasar una prueba que otra persona pueda estar escribiendo o fabricando para nosotros.

ORACIÓN DE ARRANQUE
Bendito Padre, mi deseo es ser totalmente sincero contigo y con

mi prójimo. Límpiame de cualquier tendencia que tenga de ser desleal a ti, al hablar como cristiano y actuar como Judas. Vigorízame a hacer lo correcto siempre, de modo que esté listo para confrontar el arduo camino de la vida; cosas tales como: la confusión, la injusticia, la ingratitud y la degradación. Señor, quiero servirte con una conciencia limpia y un corazón agradecido. ¡Gracias porque tu gracia es suficiente!

▶▶| **Añade ahora tu propia oración personal**

DÓNDE PODRÁS ENCONTRAR AYUDA ADICIONAL:
ROMANOS 8:7; JUAN 15:14; LUCAS 16:15; JUAN 9:8.

Obsesiónate con Dios

Obsesiónate con Dios, entonces nada más podrá dominar tu vida; ninguna inquietud, ni problema, ni preocupación. Preocuparse significa ser incrédulos a Él. ¿Cómo puedes preocuparte si crees que Él es omnisapiente, todopoderoso, todo amor y que te rodea totalmente? Permite que tu visión de Dios sea una de majestad, poder y fortaleza. Permite que Él te purifique por medio de las circunstancias y las duras pruebas que trae a tu vida.

> *¿Quién es el hombre que teme al Señor?*
> *Será instruido en el mejor de los caminos.*
> —SALMO 25:12

Estar obsesionado con algo significa ser influido o controlado por una fuerza poderosa. En medio de nuestra crisis, tenemos que estar dominados por Dios y no por nuestras fuertes emociones.

Para lograrlo, tenemos que ser constantemente conscientes de la presencia de Dios. Y para desarrollar tal estado mental tenemos que rendirnos totalmente a Cristo. En otras palabras, tenemos que habitar en Jesucristo.

Nada explica este mensaje más claramente que las propias palabras de Jesús en Juan 15:4-8:* "'[Habiten] en mí, y yo [habitaré] en ustedes. Así como ninguna rama puede dar fruto por sí misma, sino que tiene que [habitar] en la vid, así tampoco ustedes pueden dar fruto si no [habitan] en mí. 'Yo soy la vid y ustedes son las ramas. El que [habita] en mí, como yo en él, dará mucho fruto; separados de mí no pueden ustedes hacer nada. El que no [habita] en mí es desechado y se seca, como las ramas que se recogen, se arrojan al fuego y se queman. Si [habitan] en mí y mis palabras [habitan] en ustedes, lo que quieran pedir se les concederá. Mi Padre es glorificado cuando ustedes dan mucho fruto y muestran así que son mis discípulos.'"

Oración de arranque

Mi Abba y mi Rey, ¿cómo puedo ser tan absolutamente descreído preocupándome cuando sé que Tú me rodeas totalmente? Perdóname por ofenderte con mi incredulidad. Ayúdame a mirarte en todo, y que pueda levantar una muralla espiritual ante los asaltos del enemigo y las tribulaciones de este mundo.

Señor, gracias por tu promesa de ser mi refugio. Nada, pero absolutamente nada, puede penetrar tu refugio de protección para

---

*Observen que me tomé la libertad de reemplazar "permanecer" con "habitar" en la traducción de la NVI.

mi persona. Todo lo que tengo que hacer es pasarme tiempo contigo y permanecer en ti. Padre amoroso, ayúdame a ser fuerte y no temer tu proceso de limpieza. Jehová, Tú eres todopoderoso y lo sabes todo. Señor, en todo el mundo no hay nadie como Tú. Eres el Alfa y la Omega... ¡Tú sabes lo que haces!

▶▶| **Añade ahora tu propia oración personal**

DÓNDE PODRÁS ENCONTRAR AYUDA ADICIONAL:
MATEO 11:25; MATEO 6:30; MATEO 6:25.

Protege el estado de tu mente

Sé consciente de que en épocas de crisis, uno está espiritualmente distraído en vez de tener autodominio espiritual. Sé prudente y protege el estado de tu mente. No te conformes al modelo y las sutilezas de este mundo. No confundas tu afán y entusiasmo con el discernimiento. Dios quiere que seas algo que nunca has sido antes.

> *Por lo tanto, hermanos, tomando en cuenta la misericordia de Dios, les ruego que cada uno de ustedes, en adoración espiritual, ofrezca su cuerpo como sacrificio vivo, santo y agradable a Dios. No se amolden al mundo actual, sino sean transformados mediante la renovación de su mente. Así podrán comprobar cuál es la voluntad de Dios, buena, agradable y perfecta.*
> —ROMANOS 12:1,2

Al comienzo de mi crisis, no tenía yo la menor idea de cuán difícil me sería concentrarme o pensar con claridad. Era como si mi mente quisiera volver continuamente al período anterior al comienzo de la crisis para evitar enfrentar las realidades que tenía delante. Me daba cuenta de que había llegado a ser vulnerable a toda clase de distracciones mentales y espirituales, pero no sabía cómo protegerme, ni tenía la energía para hacerlo.

La mañana siguiente al comienzo de mi crisis, mi estimada esposa Mary sugirió que empezáramos a caminar juntos cada mañana durante cuarenta minutos. ¡Mary debe haber sido inspirada por el Espíritu Santo! Esa pequeña caminata no sólo producía mucho oxígeno necesario para el cerebro, los pulmones y los órganos vitales, sino que llegó a ser también un tiempo crítico alejados del "abatimiento" de mi crisis. Nuestra caminata diaria llegó a ser un tiempo de mirar de lejos mi crisis; algo como mirar el bosque en vez de los árboles. Pronto comencé a valorar nuestra caminata por otras razones: me proporcionaba un tiempo planificado para hablar con Mary. Me ayudaba a refrescar mi mente y me tonificaba.

Estoy agradecido de que Mary me alentara a comenzar a caminar. Como yo, tú necesitas encontrar una manera de protegerte de la debilidad mental y de las desventajas que se introducen en nuestra vida cuando entramos en un período de crisis personal.

Oración de arranque
Mi Abba y mi Rey, reconozco que mi vida no navega ahora, y no lo hará posteriormente, por aguas muy calmadas ni tranquilas. Puedo esperar que habrá crisis en mi vida. Ayúdame, Señor, a estar espiritualmente enfocado y controlado durante las épocas

de crisis. Ayúdame a continuar aprendiendo y conociendo más acerca de ti, aunque no me sienta muy motivado espiritualmente. Protege el estado de mi mente y mi tendencia a razonar por mí mismo la solución de mi propio problema. Ayúdame a saber que la respuesta viene de ti y que discierno tu voluntad. ¡Oh Señor, ayúdame a concentrarme más en ti y en tu Palabra, y ser transformado mediante la renovación de mi mente... y reconocer tu voluntad! ¡Padre, yo quiero hacer todo lo que sea bueno y agradable y perfecto; quiero ser la persona nueva que Tú quieres que sea!

▶▶| **Añade ahora tu propia oración personal**

DÓNDE PODRÁS ENCONTRAR AYUDA ADICIONAL:
1 TESALONICENSES 5:23; GÁLATAS 1:15.

Escucha su consejo

Vive una vida de fe. Mantente muy atento a la voz de Dios para que puedas ser capaz de confiar en que Él tomará las decisiones por ti. Dios transformará lo natural en sobrenatural mediante tu obediencia a su voz. Tienes que estar dispuesto a renunciar a tus derechos y permitir que Dios decida en tu lugar.

> *Allí tienes toda la tierra a tu disposición. Por favor, aléjate de mí. Si te vas a la izquierda, yo me iré a la derecha, y si te vas a la derecha, yo me iré a la izquierda.*
> —GÉNESIS 13:9

Mi nieto mayor, Justin, me contó sobre la primera clase de escuela dominical que él puede recordar. Era acerca de los discípulos de Jesús cuando tuvieron miedo y le pidieron a Él que los ayudara. Justin hablaba acerca de una narración en la Biblia que la mayoría de las personas recordarían como "Jesús calma la tempestad". Cuando tenía cinco años, a Justin le impresionó más los problemas de los discípulos, su fe y su interés en buscar el consejo de Jesús.

La narración aparece en tres de los evangelios. Aquí está como se lee en Mateo 8:23-27:

"Luego subió a la barca y sus discípulos lo siguieron. De repente, se levantó en el lago una tormenta tan fuerte que las olas inundaban la barca. Pero Jesús estaba dormido. Los discípulos fueron a despertarlo. —¡Señor —gritaron—, sálvanos, que nos vamos a ahogar! —Hombres de poca fe —les contestó—, ¿por qué tienen tanto miedo? Entonces se levantó y reprendió a los vientos y a las olas, y todo quedó completamente tranquilo. Los discípulos no salían de su asombro, y decían: "¿Qué clase de hombre es éste, que hasta los vientos y las olas le obedecen?"

En medio de mi crisis personal, puedo asociar una tempestad similar de fuerte viento, que levanta olas e inunda la barca. Los discípulos temieron por su vida y pensaron que quizá se ahogarían, así que clamaron a Jesús. Acudieron a su Señor. Querían escuchar lo que Jesús diría en medio de su tempestad. Buscaban su consejo. Estaban listos a ser obedientes a su voz.

ORACIÓN DE ARRANQUE
Abba, ayúdame a continuar creciendo espiritualmente mediante la adopción de la disciplina de renunciar a mis derechos y permitirte tomar la decisión por mí. Dios, reconozco que esto va contra todas las enseñanzas de este mundo que valoran la individualidad y las decisiones personales. Es por eso que resulta tan

difícil, pero sé que en ti y contigo todo es posible. Señor, reconozco que hay una diferencia entre tomar decisiones buenas por mí mismo y tomar decisiones excelentes por medio de ti. Ayúdame a poner mis derechos personales en el armario de mi vida, y renunciar a mi derecho de escoger; ¡Tú elegirás por mí! Ayúdame a confiar en ti, y luego ver los resultados de tu excelente elección.

▶▶| **Añade ahora tu propia oración personal**

DÓNDE PODRÁS ENCONTRAR AYUDA ADICIONAL:
COLOSENSES 3:3; MATEO 16:24.

Paso 5

CÓMO PUEDE UNO ESTAR SEGURO DE QUE ESCUCHA LAS ORIENTACIONES DE DIOS

Permite que tu espíritu se conecte con la vida de Jesús

Sin duda que Dios revelará las cosas de acuerdo con su voluntad. Si tú has confiado en Él como tu salvador personal, has comenzado la relación más significativa y satisfactoria que podrías experimentar. Las promesas seguras de Dios ofrecen la confianza de que Jesús vive en ti y que Él nunca te dejará. Permite que tu naturaleza espiritual esté dispuesta a someterse a la vida de Jesús, para que tu entendimiento esté perfectamente claro, pues el Señor te hará uno con Él.

> *En aquel día ya no me preguntarán nada.*
> *Ciertamente les aseguro que mi Padre les dará*
> *todo lo que le pidan en mi nombre.*
> —Juan 16:23

¿Cómo podemos lograr que nuestro espíritu se conecte con la vida de Jesús? Efesios 3:16 dice: "Le pido que, por medio del Espíritu y con el poder que procede de sus gloriosas riquezas, los fortalezca a ustedes en lo íntimo de su ser", o en otras palabras, ser fortalecidos con poder por medio de su Espíritu.

Nuestro "ser íntimo" es quienes somos adentro. Es nuestro ADN espiritual, una nueva creación dentro de nuestra carne y es nuestra identidad verdadera. En lo exterior, podemos vernos todavía exactamente iguales, nuestra anatomía es idéntica, nuestro género permanece igual y nuestra etnia es todavía la misma, pero en el interior somos una persona totalmente nueva. Es el Espíritu de Dios que vive en nosotros quien nos capacita a vivir una vida completamente nueva en Cristo Jesús.

Nuestro "ser íntimo" puede entonces ser fortalecido, y de ese modo conectarse con Jesús en la misma manera que disfrutamos la obra del Espíritu Santo en nuestra salvación. Cuando Él vino a nosotros nos regeneró, habitó en nosotros y nos selló. Al igual que disfrutamos su obra a favor nuestro en nuestra salvación, ahora podemos disfrutar su obra contemporánea: la obra del Espíritu Santo en nuestra vida cristiana.

¡Qué promesa tan grande! El Espíritu de Dios ora por nosotros. El Espíritu de Dios nos guía, nos reprende, nos enseña por medio de la Biblia, nos santifica y nos llena. El Espíritu de Dios en nosotros nos capacitará a vivir una vida que le agrade.

Oración de arranque
Abba, Padre, gracias para tu promesa de que si estoy dispuesto a someterme a la vida de Jesús, un día seré uno con Él, y ya no más tendré ninguna pregunta. Gracias que tu Espíritu en mí me capacita a vivir una vida completamente nueva en Jesucristo. Padre, me pongo al pie de tu cruz. Me abandono totalmente a tu vida y a tu control. Señor, que no haya ninguna distancia entre Tú y yo para que mi entendimiento sea totalmente lúcido.

▶▶▶ Añade ahora tu propia oración personal

DÓNDE PODRÁS ENCONTRAR AYUDA ADICIONAL:
MATEO 18:3; MARCOS 4:34; APOCALIPSIS 3:20.

Pide que Dios te revele su "corazón y mente"

En medio de tu crisis pide que Dios te revele su corazón y mente. Ríndete totalmente a Él para que puedas "[llegar] a la unidad de la fe y del conocimiento del Hijo de Dios, a una humanidad perfecta que se conforme a la plena estatura de Cristo". Aspira a ser levantado por Dios a los lugares celestiales mediante la plenitud del Espíritu Santo, para que Él pueda revelarte sus enseñanzas... ¡Entonces lo podrás glorificar!

En aquel día pedirán en mi nombre. Y no digo que voy a rogar por ustedes al Padre, ya que el Padre mismo los ama porque me han amado y han creído que yo he venido de parte de Dios.
—JUAN 16:26, 27

Al leer el libro de Hechos descubrí que la iglesia primitiva dependía de la oración. Ellos creían las promesas de Dios y le pedían lo que necesitaban. En mi tristeza se me había olvidado que el propósito del estudio de la Biblia no consiste sencillamente en entender verdades profundas, sino en llegar a conocer mejor al Padre. Cuanto más logro conocer a Dios, tanto más seguro me siento de que puedo pedir que Él me revele su "corazón y mente".

A veces podemos conocer más acerca de Dios y su Palabra y obra que lo que sabemos de Él personalmente. Es como indagar sobre nuestra estrella de cine favorita. Si leemos todo lo escrito acerca de él o ella estudiando su vida, hábitos, cultura e idioma, conoceremos acerca de sus familias y carreras. Entonces entenderemos quiénes son ellos. Pero aun con todo lo que hemos aprendido, todavía no es nada personal. Nunca los hemos conocido, ni hemos compartido una comida, ni pasado tiempo hablando, riendo, llorando… todas las cosas que revelan a la persona verdadera. ¡Es refrescante saber que en nuestro andar con el Señor podemos llegar a conocerlo en una manera personal que nos hace familiarizarnos con Él personalmente!

Necesitamos leer el Libro de Dios para averiguar cómo quiere Él que conduzcamos nuestros asuntos. Una persona toma decisiones basándose en la inteligencia y la moral, pero Él nos mostrará que está al tanto de lo que es correcto y lo que es incorrecto, lo que es bueno y lo que es malo. Romanos 11:33, 34 dice: "¡Qué profundas son las riquezas de la sabiduría y del conocimiento de Dios!" Ahora mismo, en medio de nuestra crisis, es el momento perfecto para llegar a conocerlo mejor, buscar su orientación y ser partícipes de su consejo.

Cómo hacerle frente a tu crisis personal

ORACIÓN DE ARRANQUE
Mi Abba y mi Rey, me es tan difícil mantener los ojos en ti cuando estoy en medio de una crisis. Siempre estoy quitando los ojos de lo espiritual y poniendo mi atención en el mundo natural. Señor, elévame a los lugares celestiales, y ayúdame a andar en el Espíritu. Enséñame y aliéntame a rendirme más y más a ti cada día, para que pueda yo alcanzar la plenitud de Cristo. Por favor revélame tu corazón y mente. Que tu Espíritu Santo me manifieste tus enseñanzas y tu sabiduría para que puedas ser glorificado a través de mi vida.

▶▶| Añade ahora tu propia oración personal

DÓNDE PODRÁS ENCONTRAR AYUDA ADICIONAL:
SANTIAGO 1:5; PROVERBIOS 3:5-6; JUAN 16:23; SALMO 73:24, 25

Medita en su Palabra y escucha su suave voz

Dale tiempo a Dios para que te hable. Medita en su Palabra y escucha su suave murmullo. Siente su tierna mano guiarte en tus decisiones diarias. Si Él te da una sensación de duda o desconfianza, detente inmediatamente y no trates de razonarlo; Dios guía nuestro sentido común.

El Señor brinda su amistad a quienes le honran, y les da a conocer su pacto.
—Salmo 25:14

Mi buen amigo, el honorable Patrick A. White, quien es el primer juez magistrado afroamericano de Estados Unidos para el distrito del sur de la Florida, recientemente compartió conmigo que en cada caso ante él la parte más difícil y dolorosa de su labor es el esfuerzo de tomar la decisión correcta y justa. La solución del juez White consiste en tener un tiempo disciplinado de aislamiento y calma para examinar cada caso, y para escuchar la suave voz de Dios meditando en su Palabra. ¡No me sorprendería oír que el juez White llegue al tribunal supremo!

En el Salmo 119:15 dice: "En tus preceptos medito, y pongo mis ojos en tus sendas." Eso significa para mí: recordar lo que hemos aprendido de memoria y entonces darle vueltas en nuestra mente para ver las más completas implicaciones y aplicaciones de la verdad. Eso es lo que significa la meditación: recordar lo que hemos puesto en el cerebro, y entonces darle vueltas repetidamente en nuestra mente. Queremos ver la totalidad de las implicaciones, y queremos ver las aplicaciones. Al meditar en la Palabra de Dios escucharemos el sentido de restricción de Dios y descubriremos cosas por las cuales regocijarnos. No cabe duda entonces de que un tiempo disciplinado de leer las Escrituras de Dios desarrollará cimientos sobre los que podremos edificar nuestro trabajo y nuestra familia, y la vida cotidiana.

Cada vez que recuerdo las palabras del juez White yo pido: "Que Dios me ayude a tener la misma clase de actitud." Creo que según me esfuerce en ello, y acuda a Dios con esa clase de deseo del corazón, Él escuchará y contestará esa oración y me ayudará a desarrollar amor por su Palabra.

Oración de arranque
Mi Abba y mi Rey, ayúdame a proteger mi tiempo diario contigo durante el cual pueda encontrar orientación en tus Escrituras, y pueda escuchar tu suave susurro que me dé tierna guía y

dirección. Señor, gracias por amarme tanto. Tú constantemente me guías al producir en mí duda o desconfianza, o al animarme a la hora de tomar mis decisiones diarias. Ayúdame a hacer caso a tus instrucciones y a permitir que Tú guíes mi sentido común.

▶▶ **Añade ahora tu propia oración personal**

DÓNDE PODRÁS ENCONTRAR AYUDA ADICIONAL:
MARCOS 6:50; JUAN 10:27; JOSUÉ 1:8; ISAÍAS 1:8

www.ingramcontent.com/pod-product-compliance
Lightning Source LLC
LaVergne TN
LVHW010427070526
838199LV00066B/5949